LE
COMMERCE DU JAPON

PAR

H. CASTONNET DES FOSSES

Membre de la Société de Géographie

Président de section de la Société de Géographie commerciale
de Paris

(Extrait du Bulletin de la Société de Géographie de Tours)

ANGERS

IMPRIMERIE LACHÈSE ET DOLBEAU

4, rue Chaussée-Saint-Pierre, 4

—

1889

LE

COMMERCE DU JAPON

PAR

H. CASTONNET DES FOSSES

Membre de la Société de Géographie

Président de section de la Société de Géographie commerciale
de Paris

(Extrait du Bulletin de la Société de Géographie de Tours)

ANGERS

IMPRIMERIE LACHÈSE ET DOLBEAU

4, rue Chaussée-Saint-Pierre, 4

1889

LE

COMMERCE DU JAPON

En s'établissant dans l'Indo-Chine, la France est devenue une puissance asiatique et doit se tenir au courant de tous les événements qui s'accomplissent dans l'Extrême-Orient. Il importe que nous connaissions les voisins que nous pouvons avoir dans ces régions lointaines et les juger tels qu'ils sont. Au Tonkin, nous touchons à l'empire chinois et aux possessions anglaises ; au Cambodge, nous sommes en présence des Siamois et quelques jours de navigation séparent Haïphong, Tourane et Saïgon de l'empire du Japon.

Nous connaissons la Chine et nous savons que cet immense empire de plus de quatre cents millions d'habitants n'est pas *une quantité négligeable ;* nous savons quelles sont les richesses de l'Inde, aujourd'hui une terre anglaise ; nous n'ignorons pas que le Siam deviendra tôt ou tard une possession européenne et que déjà il est *entamé*; mais en ce qui concerne le Japon, nous sommes dans l'illusion la plus complète, et nous nous sommes formé sur cet état une opinion des plus erronées. Nous jugeons les Japonais d'après des données inexactes et superficielles; il est temps de dissiper cette erreur et de nous représenter l'empire du Mikado tel qu'il existe et ses sujets tels qu'ils sont réellement.

Qu'est-ce que le Japon? quelle est sa situation géographique, quel est son passé, quels sont ses habitants, quelles sont ses productions, quel est son commerce, quel est son avenir?

Le Japon est un archipel situé à l'extrémité de l'Asie orientale, faisant face à la Chine, à la Corée, à la Mandchourie russe et à la Sibérie, à 180 kilomètres seulement du continent. Il comprend quatre grandes îles, Nippon, Kiou-Siou, Sikok, Yéso et un nombre considérable de petites îles dont les plus importantes sont les Kouriles; sa superficie totale est de 380,000 kilomètres carrés, c'est-à-dire près des trois quarts de la superficie de la France. Nippon est de beaucoup l'île la plus remarquable, puisqu'elle compte 225,000 kilomètres carrés, tandis que Kiou-Siou n'en a que 39,000, Sikok 12,000 et Yéso à peine 80,000. Dans toute sa longueur, l'archipel s'étend du nord au sud sur une étendue de près de 4,000 kilomètres. Par une de ces singularités comme l'on en constate à chaque instant dans la nature, tandis que la mer d'Okhotsk n'a que 652 mètres dans sa plus grande dépression, et que la mer de Chine n'a qu'une profondeur moyenne de 120 mètres, la mer du Japon, qui est un bassin presque fermé, présente une cuvette des plus profondes. Tout près du rivage, le lit océanique plonge souvent en brusque talus à 5 et 6,000 mètres. Aussi l'on peut considérer l'archipel japonais comme la berge de l'un des plus profonds abîmes de l'Océan.

Les côtes du Japon sont très découpées et très déchiquetées. Elles présentent un grand nombre de golfes et de baies et leur développement est considérable eu égard à la superficie du pays. L'aspect général des îles est des plus agréables ; elles apparaissent couvertes de hautes montagnes volcaniques qui souvent atteignent 2,500, 3,000 mètres d'altitude. Si à leur base s'étale une végétation luxuriante, leurs cimes sont couvertes de neiges éternelles. Les volcans sont nombreux et plusieurs d'entre eux sont en pleine activité ; aussi les tremblements de terre y sont-ils fréquents. Le pays dans son ensemble est tellement accidenté que les plaines n'y occupent que le huitième de la superficie totale ; il s'ensuit que les cours d'eau sont torrentueux et descendent en cascades dans les vallées qu'ils fertilisent. Le *Tsikouna-gava*, le plus important, a un parcours de 300 kilomètres et cependant là où il est navigable, c'est-à-dire dans la partie inférieure de son cours, il ne peut porter que des embarcations dont le tirant d'eau ne dépasse pas un mètre. On trouve des lacs au Japon. Le plus remarquable est le lac *Bivâ*, long de six lieues, large de quatre, qui, encadré de montagnes bleuâtres, de sombres forêts et de monastères bouddhiques, et placé sous un beau ciel, offre quelques analogies avec le lac Majeur. Telle est en quelques mots la configuration du Japon, et elle est bien faite pour être l'objet d'une étude des plus sérieuses et des plus attrayantes.

Le climat mérite que nous en disions quelques mots. Il est beaucoup plus froid que celui des contrées de l'Europe occidentale placées sous les mêmes latitudes ; il est en général sec et sain, plus froid naturellement dans les îles septentrionales que dans celles qui sont au sud. Sur le parallèle de Lisbonne, la glace recouvre les lacs et les fleuves jusqu'à une profondeur suffisante pour qu'on puisse les traverser à pied sans danger. Dans l'île d'Yéso, la neige fond rarement avant le mois de juin. Dans l'île de Nippon, le temps chaud commence à la fin de ce mois et dure jusqu'à la mi-septembre. En juillet, la pluie est très abondante, et c'est en août que se fait surtout sentir l'été qui généralement se termine par des typhons. Le printemps est très agréable ; cependant au Japon, comme dans la plus grande partie de la France, c'est l'automne qu'il faut considérer comme la plus belle saison de l'année. Si le pays est salubre, cependant il n'est pas exempt de cruelles épidémies. Malgré l'introduction de la vaccine, la petite vérole y est un véritable fléau, et quand le choléra y apparaît, il fait de nombreuses victimes ; de 1879 à 1880 plus de cent mille personnes en moururent.

La population du Japon s'élève à près de trente-neuf millions d'habitants et présente une densité égale à celle des états les plus peuplés de l'Europe. L'île de Nippon compte trente et un millions d'habitants, ce qui fait près de cent quarante habitants par kilomètre carré ; Kiòu-Siou en a six millions et Sikok un million cinq cent mille. L'île d'Yéso n'en a guère que deux cent mille, malgré son étendue, aussi elle est presque déserte. Du reste, son sol, surtout à l'intérieur, est très rocheux et inculte. Les bords de la mer seuls présentent quelques terres labourables.

Quels sont les Japonais ? à quelle race appartiennent-ils ? d'où viennent-ils ?

Les Japonais n'appartiennent pas à une race homogène ; ils descendent de tribus aborigènes sur lesquelles sont venues se greffer des migrations chinoises et malaises. Les Aïnos, qui maintenant n'occupent plus que l'île d'Yéso, paraissent avoir été l'une de ces races primitives. Autrefois, il existait dans l'île de Nippon une race de nègres qui appartenait à la même famille que les Harafouras des Philippines. Les Japonais sont bien faits, libres et aisés dans leurs mouvements, d'une structure robuste et d'une taille moyenne ; leur teint jaunâtre tire quelquefois sur le brun et d'autres fois il se perd dans un blanc pâle. Les femmes de distinction, en s'exposant rarement à l'air, conservent un teint aussi blanc que les Européennes. Les Japonais ont l'œil oblong, petit, enfoncé, et paraissant clignoter constamment. Leurs paupières forment un sillon plus profond et leurs sourcils sont placés un peu plus haut qu'on ne le voit ordinairement chez les autres nations. Ils ont généralement la tête longue, le cou court, le nez gros et comme tronqué, la chevelure lisse, épaisse et d'un noir d'ébène. L'effet général n'est pas celui du type chinois et cependant les Japonais sont issus du mélange de la race chinoise avec des tribus aborigènes, mais l'on peut voir que le sang malais y est entré pour une large part. Dans son développement, le Japon a complètement subi l'influence de la Chine ; c'est d'elle qu'il a reçu sa culture morale et intellectuelle et sa civilisation, et l'on peut ainsi se rendre compte du rôle prépondérant que le Céleste-Empire a joué dans l'Extrême-Orient.

L'origine des Japonais se perd dans la nuit des temps, et si nous voulions nous en rapporter à leurs légendes, ils descendraient des dieux. L'âge de pierre a laissé au Japon de nombreux restes qui nous font connaître que là, comme dans notre vieille Europe, les commencements des sociétés ont été identiques. Les Japonais habitaient des cavernes et vivaient groupés par familles, sans posséder de gouvernement régulier. Les instruments et les armes en pierres taillées, que depuis l'on a retrouvés, ne permettent plus d'avoir des doutes sur l'existence qu'ils menaient à cette époque et qui avait de nombreuses ressemblances avec celle des premiers habitants de la Gaule.

Au VIIe siècle avant Jésus-Christ, l'histoire du Japon cesse d'être fabuleuse : un nommé Jimmu-Tenno parvint à grouper les tribus éparses, à les soumettre à sa domination et prit le titre de Mikado. Ce fut le premier empereur du Japon, et depuis son avènement (660 avant Jésus-Christ) jusqu'à nos jours, cent vingt-deux souverains, dont neuf impératrices, se sont succédé les uns aux autres. L'histoire du Japon présente peu d'intérêt. Les empereurs changent souvent de capitale et mettent tous leurs soins à embellir les résidences qu'ils se sont choisies. Au iiie siècle avant Jésus-Christ de nombreux colons venus de la Chine apportent les arts utiles et font accomplir un véritable progrès au pays. Au commencement du viie siècle de notre ère, le Bouddhisme est introduit et entre en lutte avec le Sintoïsme, l'ancienne religion. A part ces événements, des tremblements de terre, des querelles qui s'élèvent entre les seigneurs et donnent lieu à des conflits, il n'y a rien d'important à signaler. Au xiie siècle, le Japon était en pleine prospérité et soumis au régime féodal. En 1186, commence une guerre civile occasionnée par l'antagonisme des Bouddhistes et des Sintoïstes et le sang coule à torrents. Un seigneur parvient à rétablir le calme et profite de son prestige pour accaparer le pouvoir en ne laissant au Mikado que l'autorité spirituelle. C'est l'origine du Taïncounat, institution qui devait durer jusqu'à nos jours. Le Japon semble alors rajeunir ; il repousse victorieusement les Mongols, les Chinois, essaie à plusieurs reprises de s'emparer de la Corée et entre au xvie siècle en relations avec les Portugais. Nous connaissons tous l'apostolat de saint François Xavier, les débuts heureux du Catholicisme qui disparut de l'empire à la suite de violentes persécutions. En 1637, le Japon était complètement fermé aux Européens ; les Hollandais seuls avaient le droit d'avoir une factorerie dans la petite île de Désima, près Nangasaki. Cet état de choses subsista durant de longues années; le Japon était isolé. En 1854, les États-Unis parvenaient à se faire ouvrir trois ports ; les autres nations suivent leurs traces. Actuellement le Japon est ouvert à tous les étrangers, et qui plus est il a subi une transformation complète. Une révolution des plus radicales a eu lieu et le Japon a rejeté ses traditions, son passé, cessé d'être asiatique pour devenir européen.

Avant la dernière révolution, l'organisation du Japon était toute féodale. Au sommet se trouvait le Taïcoun, chef de l'exécutif, ayant le commandement de toutes les forces militaires, et, à côté de lui, le Mikado qui ne possédait qu'une autorité spirituelle. Le pays était divisé en soixante-cinq seigneuries dont les titulaires portaient le titre de *Daïmios* et tenaient de petites cours ; au-dessous des *Daïmios* étaient les *Samouraï* qui formaient le corps de la noblesse, la caste militaire, et enfin venait la classe populaire divisée en trois catégories, les paysans, les artisans et les marchands. Telle était l'organisation qui pendant plus de vingt siècles a régi le Japon, et cependant il a suffi de quelques années pour la détruire ; elle s'est en quelque sorte effondrée et ce n'est pas sans étonnement que l'on constate avec quelle rapidité cette *métamorphose* s'est accomplie, s'il est permis de se servir de ce mot.

Quelle en a été la cause ?

A partir de 1849, les esprits avaient commencé à fermenter au Japon. Les Daïmios étaient mécontents du Taïcoun dont l'autorité grandissait de jour en jour et était reconnue par les Européens ; plusieurs d'entre eux avaient pris les armes, mais sans succès. Quatre des plus puissants se rendirent près du Mikado et le décidèrent à intervenir. Le Taïcoun fut vaincu et le Mikado reprit le pouvoir temporel. Les Daïmios qui étaient partisans du Taïcoun perdirent leurs seigneuries, et deux ans plus tard, ceux qui avaient soutenu la cause du Mikado remirent à ce dernier l'administration de leurs provinces. Le régime féodal allait disparaître. Le Mikado déclara solennellement qu'il abandonnait l'ancien mode gouvernemental. Jusqu'en 1871, les Daïmios restèrent en possession de leurs domaines et furent réduits à la condition de simples gouverneurs; à cette époque, ils furent dépossédés de tous leurs biens et des revenus attachés à leurs dignités. On leur alloua de maigres pensions, juste ce qu'il fallait pour les empêcher de mourir de faim. Les Samouraï furent transformés en fonctionnaires, et le nouveau régime inaugura l'ère de la bureaucratie. Il y eut bien quelques tentatives de résistance, des révoltes, mais en 1877, la lutte avait cessé et le Japon était devenu un état moderne dans toute l'acception du mot. Telle est la manière dont s'est accomplie la révolution au Japon.

Le pouvoir suprême appartient au Mikado, qui est assisté de neuf ministres, d'un conseil d'état et d'un sénat composé de soixante-huit membres, pour la plupart anciens fonctionnaires. Trois anciennes familles féodales, celles d'*Arisugawa*, de *Fushimi* et de *Kanin*, ont, en seconde ligne, droit de succession au trône. L'empire est divisé en quatre-vingt-cinq provinces administrées par des gouverneurs nommés par le Mikado. L'armée est organisée à l'européenne et présente, sans les réserves, un effectif de soixante mille hommes. La flotte possède un certain nombre de cuirassés. Tout marche à l'européenne au Japon : il reste à savoir si ce pays a obtenu de grands avantages, et s'il est en progrès ou en décadence. Il faut avouer que l'on se fait à ce sujet d'étranges illusions. Pour bien juger le Japon, il ne suffit pas d'y regarder le monde officiel, il faut connaître son agriculture, son industrie, son commerce, en un mot ses forces vitales. C'est ce que nous nous proposons de faire aussi rapidement que possible.

Si le Japon a une population fort dense eu égard à son étendue, tout naturellement l'agriculture est la grande ressource du pays, qui parvient à nourrir ses habitants. Le sol est fertile et, grâce à l'action d'un soleil ardent, accompagné de pluies abondantes et répétées, la végétation se développe avec une variété et une fougue que l'on chercherait en vain sur les bords de la Méditerranée. Les prairies et les landes sont à peu près inconnues ; sur les flancs des montagnes, l'on trouve des espèces de prairies qui offrent un mélange d'herbes, de plantes ligneuses et de fougères.

Le Japon est par excellence le pays des arbres : parmi les espèces forestières, les plus belles sont les essences résineuses ; parmi les essences feuillues, ce sont les chênes, les châtaigniers, les ormes, les hêtres. Citons encore le frêne, le camphrier, le mûrier, l'érable, l'arbre à cire, l'*orousi* qui donne le vernis d'où l'on extrait la laque, le laurier, le bambou, de nombreux arbres à fruits, l'arbre à thé. Cette diversité d'arbres fait que rien n'égale la beauté des forêts du Japon, surtout lorsqu'elles revêtent les teintes d'automne. Car, sauf dans le sud de l'île Nippon qui est déboisé, tous les villages sont environnés de bouquets d'arbres et les montagnes ne présentent pas cette nudité que l'on ne constate que trop souvent en Europe. Aussi le voyageur peut-il à chaque instant voir et admirer des paysages pleins d'agréables contrastes. Quant aux fleurs, elles sont innombrables ; mais si elles ont plus d'éclat que nos fleurs d'Europe, elles ont moins de parfum. L'anémone est remarquable par la délicatesse de ses nuances et la pureté de ses contours : le gardenia, le camélia sont justement admirés : les jardins sont pleins de lis superbes et de chrysanthèmes au pénétrant arôme. Le lotus voile les marais de ses feuilles flottantes, bordées d'énormes corolles. On peut dire que le Japon peut être regardé comme le pays favori des horticulteurs.

La faune n'est pas très riche. Dans un pays aussi bien cultivé, il ne faut pas s'attendre à trouver un grand nombre d'animaux sauvages. L'éléphant, qui existait jadis, a disparu depuis longtemps. L'ours ne se rencontre que dans les forêts des montagnes ; les loups sont remarquables par leur petitesse et fort rares. Les renards foisonnent au contraire, ainsi que les singes à courte queue et à minois rouge. On y trouve des cerfs et des sangliers ; le lapin s'y est parfaitement acclimaté. L'ornithologie est assez riche, et quant aux insectes, ils offrent les espèces les plus variées, principalement les papillons et les scarabées qui ne manquent pas plus que les fleurs et pullulent dans les campagnes. Toutes les eaux de l'archipel sont très poissonneuses ; aussi la pêche est-elle une industrie très développée, et le poisson entre pour une large part dans l'alimentation des habitants.

Le Japon est surtout un pays agricole. Les Japonais sont d'excellents agriculteurs ; ils cultivent leurs champs avec un soin extrème, sans le secours du bétail, et se servent uniquement de la bèche et de la pioche. Le nombre des animaux domestiques est du reste fort restreint. Les chèvres et les moutons n'existent pas et leur acclimatation semble être fort difficile, à cause des pluies d'été. L'engrais des porcs, essayé il y a quelques années, n'a pas réussi, faute de consommateurs. Les plus belles bêtes ne se vendaient que cinquante centimes par tète. On ne compte guère qu'un million de bêtes à cornes dans tout l'empire, et les boucheries n'existent que dans les grandes villes. Le bœuf ne sert pas à l'alimentation. L'élève du cheval semble se développer, et le croisement du cheval japonais avec des étalons arabes donne des résultats assez satisfaisants. Ainsi qu'on peut le voir, le paysan japonais est placé dans d'assez mauvaises conditions, d'autant plus qu'une partie du sol est occupée par des montagnes et souvent improductive. Mais rien n'égale sa patience et c'est ainsi qu'il arrive à lui faire produire plus que ne pourraient le faire les Européens. Les terrains de production se divisent en deux classes : les terrains secs, analogues à ceux des champs de l'Europe, et les terrains humides, servant presque exclusivement à la culture du riz, et qui comprennent la moitié des terres arables. La grande extension donnée à cette culture s'explique, lorsqu'on sait que le riz constitue la plus grande partie de la nourriture des Japonais. On en distingue deux sortes : le riz ordinaire et le riz glutineux. La paille sert à fabriquer des cordes, des nattes, des sandales, de la litière pour les bestiaux et des couvertures pour les toits. L'orge, le seigle et le froment sont également cultivés ; les deux premiers grains sont surtout employés à nourrir le bétail, et quant au froment, on fait de sa farine des gâteaux qui sont recherchés dans tout l'archipel. Le vermicelle et le macaroni entrent aussi dans l'alimentation, mais pour une faible part. Il n'en est pas de même des légumes, d'autant plus que le Japonais excelle dans le jardinage. Le lotus, dont la racine est fort bonne à manger, est très recherché, ainsi que les patates et les navets. Les champignons constituent une branche d'exportation assez considérable. Les Chinois se montrent très friands de ce comestible, et chaque année les Japonais leur en expédient une grande quantité. Au Japon, le champignon constitue une ressource précieuse ; il se mange bouilli ou grillé et on le conserve longtemps après l'avoir salé, ou simplement fait sécher. Notons que les cas d'empoisonnement sont à peu près inconnus.

Les arbres fruitiers sont nombreux au Japon, et depuis quelques années, la plupart de ceux de l'Europe y ont été importés. Parmi les espèces d'origine indigène ou étrangère, citons le prunier, le poirier, l'abricotier, le pommier, le cognassier, le pêcher, l'oran-

ger, le citronnier, le *biva*, le *kénoki*, le *nomoudé*, etc.
Les Japonais ne recherchent pas les fruits dont beaucoup, surtout les prunes, les pêches, les abricots,
sont attaqués par les vers ou pourrissent avant leur
maturité. Le fruit du *biva* rappelle la nèfle de la Pro-
vence, et quant à ceux du *kénoki* et du *nomoudé*, les
paysans les font sécher pour en avoir les efflores-
cences : les premiers tiennent lieu de sucre, et les
seconds de sel. Il n'y a guère que le fruit du *kaki* qui
durant l'hiver entre pour une large part dans la nourriture des pauvres gens, qui ont le soin de s'en
approvisionner, après l'avoir fait sécher. Les citrons
sont assez rares ; quant aux oranges, elles sont en
grand nombre, et certaines variétés peuvent lutter
avec succès contre les plus belles mandarines que
nous voyons en Europe. L'humidité du climat est peu
favorable à la vigne ; cependant les treilles y sont
nombreuses et portent de belles grappes. L'espèce la
plus répandue est le chasselas, mais jusqu'à présent
les Japonais n'ont pas fait de vin et mangent leurs
raisins comme dessert ou en font des confitures qui
sont fort estimées.

N'oublions pas le thé, l'une des productions les
plus importantes du Japon. Ce sont les Chinois qui
l'y ont introduit au viiie siècle de notre ère, mais
l'usage ne s'en est généralisé que vers le xiie siècle.
Il est cultivé sur presque tous les points de l'empire,
mais le meilleur vient dans les provinces de Yamas-
hiro et d'Omi. Une variété que les Japonais estiment
beaucoup est celle qu'ils désignent sous le nom de
poudre de thé. Elle provient de la même semence que

les thés ordinaires ; mais la plante est cultivée d'une façon différente qui développe dans sa feuille plus de consistance et plus de bouquet. La *poudre de thé*, dont il y a deux sortes, s'obtient de vieux plants choisis dans les terrains ou les plantations les plus favorisés. Ces plants s'arrosent très libéralement de fumure ; vers la fin de mars ou le commencement d'avril, on les entoure d'une clôture, et on les revêt d'une sorte d'armature en bambou afin de les garantir de la gelée. Les feuilles, une fois cueillies, sont soumises pendant une demi-minute à l'action de la vapeur, puis étendues sur des nattes pour les refroidir. Elles sont ensuite traitées comme les feuilles ordinaires. Lorsqu'elles sont à moitié torréfiées, on les place sur des traverses, on les expose à un feu doux et on les passe à travers un tamis en bambou ; on les prend ensuite une à une et on les dépose sur des feuilles de papier. Les plus grandes précautions sont prises pour l'emmagasinement des thés ; on se sert à cet effet de vases d'étain ou de métal blanc, insérés eux-mêmes dans des boîtes. C'est ainsi que l'on conserve au thé tout son parfum. Veut-on le convertir en breuvage, on en puise une certaine quantité dans le vase qui le renferme et on le pulvérise au moyen d'un petit moulin à bras que l'on meut avec lenteur. La poudre est ensuite retirée du moulin et déposée dans une théière où l'on verse de l'eau bouillante ; on agite l'infusion avec un bâtonnet en bambou, jusqu'à ce qu'elle mousse, et pour les gourmets, c'est le moment d'ingurgiter le liquide. Inutile de dire que le thé est le *vin* des Japonais, quoiqu'ils fassent encore usage d'une boisson fermentée fabriquée avec du riz ou du froment.

Comme cultures industrielles nous citerons l'indigo, le cotonnier, le chanvre, et l'on est obligé de convenir que les cotonnades et les tissus fabriqués par les Japonais témoignent de ce qu'ils peuvent faire, puisque leurs procédés sont des plus primitifs. Malheureusemeut, ils ne peuvent lutter contre la fabrication étrangère qui, grâce à son outillage perfectionné, livre ses produits à des prix moins élevés. C'est ainsi que les cotonnades des Anglais sont recherchées dans tout le Japon et que les chanvres indigènes ne peuvent entrer en lutte avec ceux de Manille.

Le tabac, introduit au Japon en 1605 par les Portugais, est cultivé dans toutes les provinces. Cependant, jusqu'à ces temps derniers, les Japonais ne fumaient que la pipe. Depuis peu, on a commencé à fabriquer des cigares et cigarettes, dans le genre de ceux de Manille, et ces produits sont loin d'être sans valeur, puisqu'ils ont obtenu des récompenses à l'exposition de Philadelphie.

Tout en étant un pays agricole, le Japon est le siège de plusieurs industries assez importantes, et il faut placer en première ligne la sériciculture. Il est difficile de parcourir une province quelconque sans trouver une ou plusieurs magnaneries. L'industrie de la sériciculture est fort ancienne au Japon et se perd en quelque sorte dans la nuit des temps ; elle se divise en deux branches, la production des graines et la fabrication de la soie. La première préoccupation de l'éducateur des vers doit être la culture du mûrier. Cet arbre vient bien au Japon, et parfois grossit tellement qu'un homme peut à peine l'entourer de ses bras. L'élevage des vers nécessite de nombreux soins et les Japonais excellent dans cette besogne. Quant à la fabrication de la soie, elle est depuis quelque temps l'objet des soucis du gouvernement. Dans le but de la favoriser, il a créé diverses manufactures dont la plus importante est la filature de Tomyaka, à quelques lieues d'Yédo, au milieu d'un centre séricicole des plus riches et des plus peuplés. Elle n'a pas coûté moins d'un million pour sa construction, et à l'heure actuelle, elle occupe plus de cinq cents ouvrières ; les résultats ont été excellents et les soies de Tomyaka sont réputées pour leur qualité. Dans cet établissement, la soie est dévidée par voie mécanique, et malgré l'avantage obtenu, l'ancien dévidage à la main conserve toutefois la faveur générale : les Japonais prétendent qu'il est plus favorable à la pureté du fil et à sa finesse. Aussi à Ki-Riu, ville du Nippon, qui est pour la fabrication de la soie ce que Lyon est pour la France, l'on n'a pas adopté les procédés européens. C'est en vain que l'on y chercherait les grandes cheminées de nos cités industrielles. Une roue de bois à palettes, mue par un filet d'eau, voilà le moteur. Des bobines disposées autour d'un cercle de bois sur lequel la soie grège s'enroule ; des fils qui vont se réunir au centre et se tordent ensemble au moyen d'un va et vient que l'ouvrier imprime au cercle en poussant du pied une pédale, voilà tout l'atelier pour la fabrication de la trame et de l'organsin. On ignore au Japon l'usage des cartons qui permettent de faire à l'envers un dessin très compliqué, et pour une pièce à ramages il faut deux ouvriers, l'un qui fait courir la navette destinée au fond, et l'autre celle du dessin. Pour l'une, on se sert d'un métier semblable à celui de Jacquard. Telle est, en quelques mots, l'industrie séricicole des Japonais.

La céramique est aussi une industrie bien nationale, puisqu'elle remonte au vi⁰ siècle avant notre ère. Il y a au Japon deux sortes de produits céramiques fort distincts, la faïence et la porcelaine. La faïence se compose de kaolin et sa glaçure comprend des matières de la nature du feldspath, de la lessive et divers métaux. La porcelaine est un mélange de silice plus ou moins pure, de quartz, de felsite, de feldspath, de granit pulvérisé, et il entre dans sa glaçure de la silice, de la lessive et divers métaux. On colore et on décore ces porcelaines et ces faïences. Les principaux centres de production sont, pour les faïences, Satsuma et Kioto ; pour les porcelaines, Hizen, Imari, Kanga, Kioto et Owari. Cette dernière province possède une manufacture qui rappelle assez notre fabrique de Sèvres. La céramique japonaise, naguère justement célèbre, est maintenant en décadence. Les artistes indigènes ont perdu leurs anciennes traditions nationales et leur goût jadis irréprochable a fléchi au contact des étrangers. Les plats du Japon ne sont plus pour la plupart du temps que le calque de modèles anglais, et les décors ont cessé d'être gracieux. Les dessins qui caractérisaient la porcelaine japonaise ont fait place à des sujets minutieux où l'on voit la réminiscence de l'Occident. Aussi la céramique japonaise est-elle incapable de soutenir la concurrence contre ces produits qui ne lui cèdent en rien pour la pâte et lui sont supérieurs pour l'ornementation.

Il n'en est pas de même pour les laques. Dans cette industrie, le Japon conserve sa supériorité, et même grâce à des procédés perfectionnés, les laques fabriqués aujourd'hui l'emportent par leurs dessins et leurs couleurs sur les plus beaux spécimens d'autrefois. L'ouvrier japonais excelle dans la fabrication des meubles laqués, qu'il incruste de nacre, recouvre de dessins unis ou en relief, sème de poudre d'or et d'argent. Il en est de même, lorsqu'il s'agit de travailler le fer, le cuivre, l'étain et les nombreux alliages que ce dernier métal comporte. Les vases à fleurs, les brûle-parfums, les boîtes à parfums en or et en argent, les théières en argent, les coupes et les tasses à café en or d'Yedo, les pots à thé en argent recouvert d'émail cloisonné, les pots en or et les tableaux en argent de Kioto, tous ces objets témoignent des qualités d'exactitude et de précision qui ne laissent pas d'étonner. Si le Japonais est habile joaillier, il est encore un fondeur de bronze plus remarquable, et sous sa main, ce métal fait preuve d'une étonnante souplesse : il le cisèle, l'incruste, le nielle, l'émaille, le cloisonne, le vernit, le laque, et les représentations de fleurs, d'oiseaux et d'insectes dont il le relève nous montrent son talent inné de dessinateur : aussi, si nous voulons avoir une idée favorable de l'industrie japonaise, voyons ses laques, ses bronzes, sa joaillerie. Dans ces différentes branches, le Japon n'a pas dégénéré et est resté tel qu'il était autrefois.

Depuis quelques années, le commerce du Japon a pris un développement considérable, et tout d'abord il semblerait prouver une prospérité croissante. Malheureusement il n'en est rien, lorsqu'on consulte les chiffres de l'exportation et de l'importation et que l'on voit que le pays a de plus en plus tendance à devenir tributaire de l'étranger. En 1886, le commerce général du Japon s'est élevé à environ 500 millions de francs. Sept ports sont ouverts aux Européens, Nagasaki, dans l'île de Kiou-siou, Kobé, Osaka, Yokohama, Tokio et Négata dans celle de Nippou, et Hakodadé dans celle d'Yéso. Si Nagasaki par sa baie qui est l'une des plus sûres que l'on puisse rencontrer, et la présence des mines de houille situées dans son voisinage, est resté un centre important, néanmoins le grand port du Japon est Yokohama qui est sur une petite échelle pour les Japonais ce que Shanghaï est pour la Chine. Avant l'arrivée des Européens, ce n'était qu'un marais ; aujourd'hui c'est une grande ville de soixante-quinze mille habitants, dont trois mille résidents étrangers. Une belle rade, la proximité de la capitale lui ont assuré le premier rang parmi les ports ouverts et les compagnies maritimes en ont fait un point vers lequel affluent les marchandises venues de l'intérieur et de l'extérieur. Aussi l'activité de cette ville ne cesse chaque jour de grandir.

L'exportation du Japon atteint environ le chiffre de 250 millions de francs : elle est principalement représentée par la soie et le thé. Viennent ensuite le riz, le cuivre, le tabac, le poisson séché, la houille, les métaux précieux, le camphre. La soie japonaise est moins belle que la soie chinoise, et quant au thé, il ne convient guère qu'aux consommateurs américains, tous les autres pays demandant leur provision annuelle à la Chine. L'un des traits caractéristiques du Japon, c'est que le commerce n'a pas lieu à une saison déterminée comme en Chine ; il dure, au contraire, presque toute l'année, jamais sans grande activité, mais aussi sans longues interruptions.

Les pays qui traitent le plus d'affaires avec le Japon sont dans l'ordre d'importance (entrées et sorties réunies), les États-Unis, l'Angleterre, la Chine, la France et l'Allemagne. Les États-Unis figurent pour plus de 200 millions : ils achètent surtout du thé, des soieries, un peu de camphre, quelques porcelaines et importent des huiles minérales. L'Angleterre et l'Inde expédient des cotonnades, des machines, et exportent de la soie, du riz et du thé. Notons cette particularité que, contrairement à ce qui a lieu partout ailleurs, nos voisins d'outre-Manche voient leur chiffre d'affaires rester à peu près stationnaire. Les Américains leur font une concurrence des plus redoutables, et depuis peu les Allemands viennent leur disputer le marché avec une tenacité qui ne laisse pas d'être inquiétante. La Chine au contraire voit chaque jour ses transactions augmenter au Japon, et son mouvement commercial dans ce pays peut se chiffrer par 100 millions de francs. Elle importe du sucre, du coton et exporte du cuivre, du poisson conservé, du camphre, de la colle végétale, des herbes marines préparées pour l'alimentation, du charbon, des allumettes. Nous ne trouvons pas dans ce relevé un article spécial qui, comme la soie et le thé pour les États-Unis, et la soie pour la France, se trouve dans une situation tellement prépondérante par rapport aux autres marchandises, que le chiffre des affaires concernant celles-ci paraisse en comparaison presque insignifiant ; mais par contre, de nombreux articles contribuent à grossir le chiffre total, et de plus il y a un fait qu'il est important de signaler, les importations sont supérieures aux exportations. La Chine vend plus qu'elle n'achète au Japon. La France occupe un rang assez important, puisque son mouvement d'affaires représente environ 80 millions, mais nos importations ne figurent tout au plus que pour un tiers, consistant surtout en tissus de laine et en mousselines. Dans ce chiffre il faut encore faire entrer l'horlogerie suisse qui est importée par navires français. En revanche, les produits que nous achetons au Japon, représentent une valeur de plus de 50 millions, consistant surtout en soies destinées à approvisionner le marché de Lyon. Quoique nouvellement arrivés dans l'Extrême-Orient, les Allemands y occupent une grande situation et étendent leurs débouchés avec une activité incroyable. Au Japon, leur importation n'est caractérisée par aucune spécialité proprement dite, mais pour beaucoup d'articles, elle arrive à des chiffres relativement élevés. Cet état de choses démontre plus encore qu'une prépondérance marquée sur un point spécial, un progrès rapide dans le mouvement commercial. Les représentants des maisons allemandes se font remarquer par leur initiative : ils ont le génie de l'offre, et au Japon leurs échantillons se répandent partout. Jusqu'à présent, l'Allemagne a surtout vendu des lainages, et à l'heure actuelle son chiffre d'affaires représente plus de 30 millions de francs, chiffre d'autant plus considérable que les produits vendus par le Japon à l'Allemagne ne représentent que la valeur de 5 millions de francs, dont la moitié consiste en riz. L'Allemagne vend aux Japonais cinq fois plus de marchandises qu'elle ne leur en achète, aussi gagne-t-elle chaque jour du terrain et est-elle destinée à supplanter, dans cette partie de l'Asie, l'Angleterre dont les nationaux ne se font aucune illusion sur la concurrence qu'ils auront à soutenir.

Telle est la situation économique du Japon, et en l'appréciant à sa juste valeur nous sommes loin d'être rassurés sur l'avenir de ce pays. Sur le terrain commercial, le Japonais est inférieur au Chinois ; dans les transactions, il n'apporte ni la probité ni la décision du Céleste Empire, et il lui manque cet admirable esprit d'association qui rend la Chine si puissante, si redoutable. Dans toutes les villes, les maisons de banque et de commerce sont tenues par des Chinois ; tous les agents, tous les commis sont des Chinois. Les Japonais sont réduits au rôle de

portier ou de domestique ; il y a là une infériorité
dont l'importance ne peut échapper à personne. Le
pays possède un territoire assez restreint et si la culture, l'industrie peuvent prospérer, jamais elles ne
donneront d'aliments à un puissant mouvement commercial. Le Japonais manque complètement d'initiative ; en 1887, 670 kilomètres de chemin de fer
avaient été construits et étaient exploités ; 431 appar-
tenaient à l'Etat et 239 étaient dus à des compagnies
européennes. Les indigènes n'avaient pas songé à
former une association quelconque pour construire
et exploiter des voies ferrées. Il ne faut pas se faire
d'illusions sur le Japon ; au point de vue commercial
il appartient aux étrangers, surtout aux Américains,
aux Chinois, aux Allemands.

Le Japon est en progrès, nous dit-on, il s'européa-
nise. C'est le juger superficiellement si l'on raisonne
ainsi. Les Japonais ont renié leurs traditions, leur
passé pour copier servilement l'Europe. La révolution qu'ils ont accomplie il y a quelques années est
peut-être l'un des signes les plus certains de leur
décadence. La prospérité matérielle est chez eux gra-
vement atteinte. La dette publique s'augmente
chaque jour et atteint près de quinze cents millions ;
le papier-monnaie a cours et le numéraire devient
de plus en plus rare. Le Japon est en train de traverser une crise qui deviendra de plus en plus aiguë et
le salut ne lui viendra pas de son engouement. Dans
peu, il possédera une Chambre des députés et l'on
annonce que le parti radical y sera représenté par

des ultras dont l'exaltation ne laissera rien à désirer[1].
Nous ne savons ce que vaudra une chambre japonaise, mais nous n'espérons rien d'elle ; sa réunion
sera le commencement d'un cataclysme. N'oublions
pas ce que produit le parlementarisme dans l'Occident ; ses résultats ne seront pas meilleurs dans
l'Extrême-Orient. Le parlementarisme n'a jamais pu
sauver un pays, et la plupart du temps il n'est qu'une
cause d'affaiblissement et parfois il conduit à une
perte certaine.

Une crise sociale au Japon aurait pour ce pays les
résultats les plus néfastes et pourrait même amener
un démembrement. La Russie regarde d'un œil de
convoitise la grande île d'Yéso, dont elle saurait
tirer parti. Dans l'archipel, n'y a-t-il pas quelque
terre, quelque port pouvant convenir à l'Angleterre ou
même à l'Amérique, à l'Allemagne ? Telles sont les
question que l'on se pose ; aussi les *progrès accomplis*
au Japon nous laissent un peu sceptiques, et ce n'est
pas sans appréhension que nous voyons les Japonais
suivre cette politique d'aventures qui peut tout
d'abord éblouir, mais se termine toujours par quelque
désastre. Si le Japon veut garder sa place dans ce
monde, qu'il nous emprunte ce que nous avons de
bon, mais qu'il reste *asiatique,* sinon l'heure de la
décadence a sonné pour lui, et tôt ou tard il deviendra la proie de quelque nation ambitieuse qui profi-

[1] Depuis que nous écrivions ces lignes, une constitution a
été promulguée. Le Japon possède actuellement un Sénat et
une chambre de trois cents députés nommés par l'élection.

tera de ses troubles intérieurs pour l'envahir ou tout au moins pour lui imposer sa suprématie. Tel est l'avenir qui s'ouvre pour les Japonais ; il est sombre, mais nous espérons qu'ils sauront retrouver leur *vieille sagacité* pour triompher des obstacles et garder leur indépendance et leur nationalité.

ANGERS, IMPRIMERIE LACHÈSE ET DOLBEAU.